Die Strasse der Romanik

mitteldeutscher verlag

Franz X. Bogner

Die Strasse der Romanik

Ein Porträt aus der Luft

Inhaltsverzeichnis

Havelauen bei Havelberg

Vorwort

Beginnen wir mit einem Zitat von Marcel Proust (1871–1922): „Eine wirkliche Entdeckungsreise beginnt nicht damit, neue Landschaften zu finden, sondern darin, Altes mit neuen Augen zu sehen." Auch Martin Heidegger (1889–1976) passt sich bestens in diese Vision ein: „Wir müssen in der Gegenwart mit Hilfe der Vergangenheit die Zukunft entwerfen." Wilhelm Humboldt (1767–1835) sagte es noch deutlicher: „Wer die Vergangenheit nicht kennt, hat keine Zukunft." Die Straße der Romanik ist sozusagen gelebte Geschichte: Ihre Beliebtheit ist ein gutes Zeichen, befahren doch alljährlich viele Besucher diese Touristikroute, um etwas von unser aller Geschichte zu atmen. In den Kirchen, Burgen oder auch nur Ruinen kann jeder in die „romanische Atmosphäre" in ihrer Wuchtigkeit ganz individuell eintauchen und sich staunend in die hochmittelalterliche Welt hineindenken.

Die 1993 eröffente Themenstraße umfasst derzeit über achtzig Objekte, regelmäßig kommen weitere Bauzeugen der Romanik hinzu. Damit sind längst nicht alle romanischen Bauten im Land erfasst, manches harrt noch der Entdeckung. In diesem Band wird daher der Blick auch auf einige romanische Bauten gerichtet, die ebenfalls einen Besuch lohnen.

Dieser Luftbildband kann und soll keinen Vor-Ort-Besuch ersetzen, historische Stätten atmen ihre Geschichte nun mal innerhalb ihrer alten Mauern: „Romanische Atmosphäre" möchte in ihrer Wuchtigkeit ganz individuell erlebt werden. Die für uns ungewöhnliche Vogelschau bietet jedoch eine entscheidende Ergänzung und eröffnet eine Sichtweise, die den Eindruck eines Besuchs am Boden nachhaltig erweitern kann. Luftbilder geben uns sozusagen die „Augen der Götter", gepaart mit „emotionalem" Licht sollten sie uns zwingend wieder genauer hinschauen lassen. Der Band nutzt wie alle meine bisherigen Veröffentlichungen dieser Art die ungewöhnliche Perspektive des Luftbilds und macht die Themenstraße mit emotionalen Fotografien zugänglich. Die Kamera folgt der Straße der Romanik und porträtiert eine enorm geschichtsträchtige Region mit ihren phänomenalen historischen Gebäuden, die immerhin rund tausend Jahre erfolgreich überstanden haben; ihre Landschaft beeindruckt aber auch wegen der vergleichsweise wenigen ökologischen Fußabdrücke, die uns längst vergangene Zeiten ahnen lassen.

Die Straße der Romanik ist aus zwei Gründen eine einzigartige Themenstraße: Einerseits reihen sich hier die beeindruckenden jahrhundertealten Bauten, die immerhin knapp tausend Jahre überstanden haben, andererseits verblüffen uns die wenigen ökologischen Fußabdrücke der im Landesvergleich geringen Bevölkerungsdichte. Viele der einzigartigen romanischen Kirchen stehen auch heute noch in oft kleinen und kleinsten Dörfern, die sich geringer Bevölkerungszahlen wie in romanischer Zeit erfreuen dürfen. Die Kombination der beiden Faktoren: Einzigartige romanische Geschichtszeugen und das Fehlen des ansonsten erdrückenden Bevölkerungsdrucks machen den ganz besonderen Reiz der Straße der Romanik aus, der Luftbildband bietet das „Sahnehäubchen", das ein Bodenbesuch weiter veredeln kann!

Warum ein Luftbildband? Wiederum sind es zwei Gründe: Zum Ersten ist das Fotografieren dank Digitaltechnik denkbar einfach geworden, besonderes Technikwissen ist kaum mehr nötig. Eigene Luftbilder sind dennoch nicht leicht zu machen: Flugzeuge werden durch ihre pure Geschwindigkeit in der Luft gehalten und erlauben nur kurze Zeitfenster für ein eigenes Bild; Ausschnitte sind dann selten stimmig, Farben sind oft archaisch und mit der Schärfe will es meist auch nicht klappen: Eigene Bilder gehen so oft nicht über Google-Map-Bildqualitäten hinaus. Dies allein könnte schon begründen, weshalb Luftbildbände heute einen guten Markt haben und „normale" Bildbände immer weniger Käufer finden. Zum Zweiten: Wenn Luftbilder spannend mit emotionalem Licht komponiert sind, schauen wir wirklich wieder genauer hin und sehen eigentlich Altbekanntes in einem neuen Licht. Meister der Lichtpinsels wie Ansel Adams (1902–1984) mit seinen außergewöhnlichen Schwarzweiß-Landschaftsbildern konnten mit bloßen Lichtkontrasten großartige Emotionen ins Bild bringen. Bis heute gilt es, „mit Licht zu schreiben", auch in der Luftbildfotografie erwarten wir zu Recht ein gut komponiertes Bild mit einem emotional gefühlsvoll geführten Farbpinsel. Auch Luftbilder müssen heute Momente magischer Surrealität schaffen können, Staffelungen von Häusern können alltägliche Ansichten zu Bildern geheimnisvoller Tiefgründigkeit herausarbeiten. Grafische Reduktionen können Poesien der Schönheit in alltägliche Perspektiven bringen, Schattenspiele können perspektivische Räume schaffen, Lichtbrechungen können zarte Farbflächen zu tiefen Räumen wandeln. Erst die Digitalfotografie erlaubt es, alle Potentiale auszuschöpfen, die Mittelformatkameras zwar im Prinzip ebenfalls erlaubten, wenn nur die unbarmherzigen Silberchlorid-Grenzen nicht gewesen wären. Dabei ist emotionale Luftbildfotografie erst ein junges Metier, das noch längst nicht alles gezeigt hat, was in ihm steckt!

Mit einer einmotorigen Maschine im ersten Sonnenlicht vom Boden abzuheben, ist auch heute noch etwas ganz Besonderes. Gottlob ergeht es uns nicht mehr wie Gustav Weißkopf (1871–1926), dem ersten erfolgreichen Motorflieger der Welt, den seine Flugleidenschaft wirtschaftlich schnell ruiniert hatte; in diese Not hatte er potentiellen Geldgebern sein enormes Knowhow bereitwillig offenlegen müssen, nur um vielleicht doch noch weiter machen zu können (auch die Gebrüder Wright nutzten dies aus). Fliegen ist schon wegen der enormen Sicherheitsvorgaben immer noch teuer, es ruiniert uns aber nicht mehr. Mein besonderer Dank gilt daher zuallererst meinen Piloten, allen voran Jürgen Krossner. Vor allem Flüge am frühen Morgen bedurften ja keiner geringen Logistik und einem Wetterglück, um Realität werden zu können. Vielen Dank an dieser Stelle für all die hilfreichen Hände, die in meist kurzfristiger Abstimmung das Sammeln der vielen Luftbilder möglich machten. Schließlich gebührt mein Dank dem Layout, das alles trefflich ins rechte Licht setzte, sowie natürlich dem Mitteldeutschen Verlag für die Herausgabe dieses Buches.

Viel Freude mit dem Luftbildband!

Professor Franz X. Bogner

Die Straße der Romanik

Über mehr als 1.000 Kilometer folgt die Straße der Romanik der ungefähren Form einer großen Acht, Magdeburg markiert dabei den Schnittpunkt. Im Jahr 1993 als Themenstraße eingeweiht, wurde sie 2007 Teil der TRANSROMANICA, der im selben Jahr vom Europarat der ehrenvollen Titel einer Europäischen Kulturstraße verliehen wurde. Wie wertvolle Perlen einer langen Kette verbindet die Straße mehr als achtzig romanische Bauwerke, die zugleich einzigartige mittelalterliche Zeugnisse der Christianisierung der Region darstellen.

Romanik steht für römische Architektur. Nach einer halbtausendjährigen Pause, bedingt durch den Kollaps des Römischen Reichs, suchten Baumeister nach funktionierenden Vorbildern. Dabei ist die Vorstellung einer ununterbrochen synthetischen Entwicklung nicht zutreffend, schließlich waren die römischen Bautraditionen mitsamt der römischen Ordnung abrupt untergegangen. Römische Ingenieurkunst hatte konsequent auf globalisierte Arbeitsteilung gebaut, sie war mit der römischen Ordnung untergegangen. Die Architektur der Romanik musste also einige Jahrhunderte später ganz von vorne anfangen, es gab niemanden mehr, den man hätte fragen können. Zu Lehrmeistern wurden die eindrucksvollen Bauwerke, die auch ohne ständige Instandhaltungen all die Jahrhunderte überdauert hatten: Der Rundbogen, die Pfeilerstruktur, die Säulen und allgemein der Gewölbebau wurden übernommen. Man hatte damals noch gar nicht von Romanik gesprochen, dieser Begriff setzte sich – als Epoche romanischer

Kunst – erst im 19. Jahrhundert durch: Genau genommen war er erst um 1820 von verschiedenen Autoren geprägt worden, die diesen Stilbegriff in humanistischer Erhöhung mit eindeutigem Bezug zur bestehenden Bezeichnung „Romanische Sprachen" einführten, unter ihnen der französische Kunsthistoriker Charles de Gerville (1769–1853), der englische Autor William Gunn (1750–1841) und der deutsche Kunstsammler Sulpiz Boisserée (1783–1854). Richtig ist zumindest, dass es sich um eine Zeit des Kopierens antiker Kunst handelte. Die Kunst der romanischen Epoche gilt summarisch ausgedrückt als jene, die erstmals eine (relativ) geschlossene Einheit bestimmter Stilformen im gesamten christlichen Europa bildete. Beginn und Ende dieses Zeitraums sind dabei in einzelnen Regionen durchaus unterschiedlich anzusetzen, in Frankreich ging die Romanik beispielsweise rund ein Jahrhundert früher zu Ende als in Deutschland. Es waren die jungen Klostergemeinschaften, die sich überall in Europa zusammenfanden und hier erstmals nach dem Untergang Roms wieder eine kulturelle und wirtschaftliche Konstante sicherten, systematisch das Wissen der Zeit sammelten und dabei alte Wissensmosaike wieder zusammenfügten. Erstmals nach vielen Jahrhunderten Niedergang erwirtschaftete man Überschüsse, die nicht gleich wieder in ständigen Kriegen verschleudert wurden. Erstmals gab es wieder Gelegenheit zur Muse, um Wissen zu heben und der Nachwelt zu sichern, das vorher entweder niemand mehr lesen konnte oder das gar für sinnlos gehalten wurde. Dabei ist die Romanik kein homogener Geschichtsblock, gerne teilt man sie daher nach den damals herrschenden Dynastien ein: den Ottonen (919–1024), Saliern (1024–1125) und Staufer (1138–1254). Mit Blick auf ganz Europa bildeten sich naturgemäß verschiedene Strömungen heraus, Europa war schließlich sehr heterogen aufgestellt. Die Romanik bezeichnet daher vor allem einen Zeitraum, unter dessen Dach Unterschiedliches in Plastik, Malerei und Architektur heranwachsen konnte. Ganzheitlich betrachtet war romanische Kunst vorwiegend eine sakrale Kunst. In der Kirche hatten sich enorme Macht und Kapital angesammelt, so dass sie als Auftraggeber großer Bauten auftreten konnte. In den Klosterkonventen bündelte sich zudem enorme Arbeitskraft, die neue Visionen innerhalb weniger Generationen in phänomenalen Stein umformen konnte. Geradezu legendär sind hier die Bauten der Zisterzienser zu nennen.

Nach dem Fall Roms lebte man für ein paar Jahrhunderte allenfalls von der Hand in den Mund, nahezu sämtliches Knowhow der globalisierten römischen Welt war schnell verlorengegangen. Auf die immensen, jahrhundertelangen Vorteile der globalisierten Arbeitsteilung konnte man auf einmal nicht mehr zugreifen. Mehr noch: Nach dem Wegfall der Zentralordnung waren unter den diversen Migrantengruppen ständige Kriege eines jeden gegen jeden fast an der Tagesordnung, ein großer Teil der knappen Wirtschaftsleistung musste fortan ins Militär gesteckt werden. Der römische Staatsgedanke hatte sich über die Jahrhunderte mit ständigen Einwanderungen derart verwässert, dass von dem klassischen Rom Cäsars oder Ciceros rein gar nichts mehr übrig geblieben war. Römer waren immer weniger geborene Römer. Am Ende war nur mehr eine globalisierte, multikulturelle Beliebigkeit geblieben, jeder wollte jeden ausnehmen, keine Ethnie unterstützte eine andere. Schließlich stiegen die romanisierten Franken aus dem ehe-

maligen Grenzbereich des Römerreichs zur militärisch stärksten Kraft auf und brachten wieder Frieden in das von ihnen beherrschte Gebiet. Erst jetzt konnte sich wieder nennenswerter Wohlstand auch in privaten Kassen ansammeln, was sich letztlich auch in neuen Bauwerken für die Allgemeinheit niederschlug. Nach einer rund 500-jährigen Lücke entstand also erstmals seit der Antike in Europa wieder ein Wettbewerb um gesellschaftliches Ansehen; in den Jahren zuvor hatte man, sofern überhaupt etwas für die Dauer gebaut wurde, Gebäude eher nach momentanem Gusto gestaltet: Jetzt wurden Grundrisse und Fassaden wieder durchgestaltet, Planer und Baumeister wollten harmonische Gesamtbauwerke schaffen. Auch wenn die Formen zunächst blockhaft und massig waren; sie wirkten dennoch optisch klar und erdverbunden. Neu waren auch die unterirdischen Bereiche der Kirchenbauten, die Krypten, die zumeist als Grablege genutzt wurden.

Der romanische Kirchenbau orientierte sich vorrangig an der römischen (und byzantinischen) Basilika, bestand also aus einem mittleren Hauptschiff und zwei niedrigeren Seitenschiffen; längs laufende Säulenreihen trennten die Schiffe voneinander. Erst später kam ein Querschiff hinzu, das dem Innenraum eine neue Dimension und eine meist massive Erscheinung gab. Markenzeichen der Romanik waren halbkreisförmige Rundbögen, Rundbogenfenster, blockartige Kapitelle, große, ebene Flächen und, nicht zu vergessen, festungsartige Mauern. Die meisten Autoren lassen dabei die Epoche der Romanik etwa um 950 beginnen und rund zwei Jahrhunderte andauern, obwohl in Frankreich bereits um 1130 erste gotische Bauten entstanden. Auch wenn man gerne von Früh-, Hoch- und Spätromanik spricht, lässt sich wegen des meist fließenden Übergangs hinüber zur Gotik keine einheitliche zeitliche Abgrenzung festlegen. An den großen Bauwerken wurde ja meist über Generationen hinweg gebaut, Fundamente konnten nicht so ohne weiteres mehr geändert werden. Romanische Baumeister waren es schließlich, die Bauwerke mit immer weniger Steinen hochzogen; sie schufen nach und nach Blaupausen für die stetig größeren gotischen Kathedralen.

Zur Jahrtausendwende war die ökonomische Situation Mitteleuropas gut stabilisiert. Gleichzeitig hatte die politische Situation unter dem Dach des römisch-deutschen Kaiserreichs eine solide Sicherheit gebracht. Man konnte erstmals daran denken, große Gebäude für die Allgemeinheit zu erbauen. Beispielsweise entstand ab 1088 im französischen Cluny der damals größte Kirchenbau Europas. Die Abteikirche sprengte mit ihren Ausmaßen alles bislang Dagewesene: eine fünfschiffige, tonnengewölbte Basilika von zwei breiten Ostquerhäusern und einem gewaltigen Chor gesäumt. Leider wurden große Teile der Anlage in napoleonischer Zeit (1810) gesprengt. Die Reste sind jedoch noch derart imposant, dass sie 2007 mit dem Europäischen Kulturerbe-Siegel ausgezeichnet wurden. Cluny war schnell zur Blaupause für andere Baustellen geworden, Baumeister vor allem aus Mitteleuropa nahmen die erfolgreichen Steinexperimente begierig auf. Im deutschen Speyer entstand beispielsweise unter den salischen Kaisern der mächtige Dom als Kaiser-Grablege. In der Hochromanik kam zusätzlich zu den wuchtigen und geschlossenen Bauformen ein immer weiter ausgefeilter Bauschmuck hinzu, ob aus Holz, Stein oder Bronze. Vor allem das Tympanon, das breite Bogenfeld über dem Türsturz des meist breiten Portals, bot künstlerischen Raum für ausgiebige Bildergeschichten, die jeden Kirchgänger ansprechen konnten. Herausragende profane Bauten waren insbesondere die staufischen Kaiserpfalzen, die vor allem in den Kernlanden der Staufer im Südwesten des Reiches, im heutigen Baden-Württemberg, entstanden. Die ehemalige Königspfalz in Bad Wimpfen ist die größte erhaltene. Mit 215 Meter Länge und 88 Meter Breite und ursprünglich drei Bergfrieden, gepaart mit einer

strategisch vorteilhaften Lage auf einem Steilhang über dem Neckar, war sie unter Kaiser Friedrich Barbarossa (1152–1190) begonnen worden.

Dass um das Jahr 1000 der Bau von Kirchen besonderen Aufschwung nahm, ist kein Zufall. Nicht wenige nutzten die bevorstehende Jahrtausendwende, um apokalyptische Ängste vor einem kommenden Weltuntergang und dem Jüngsten Gericht zu schüren. Nahezu jeder wollte Unheilszeichen der unterschiedlichsten Art gesehen haben. Unter diesen Vorzeichen war man eher bereit, große Teile des Volksvermögens dem täglichen Geschäftsverlauf zu entziehen und beispielsweise in Gotteshäuser zu investieren.

In der Mitte Europas baute Romanik auf einem Menschenbild auf, das den Einzelnen als Teil des göttlichen Kosmos sah, der mit dem christlichen Glauben gleichgesetzt wurde. Kirchen boten jedem Einzelnen ein schützendes Dach; hier an der Elbe boten sie zugleich Schutz vor der slawisch-heidnischen Bedrohung aus dem Osten. Natürlich hatte sich daher die Romanik nicht nur auf den Kirchenbau beschränkt, auch wenn Städte fast ausschließlich noch aus Holzhäusern bestanden, von denen daher in aller Regel nichts mehr erhalten ist. Die Herrschaft Heinrichs I. (876–936) wurde als weltliches Gerüst auf kirchlichem Boden empfunden, zumal die sächsische Dynastie der Liudolfinger wieder Macht akkumulieren konnte, um Ruhe und Frieden ins Land zu bringen. Ironischerweise stammte die Dynastie aus dem Landesteil, den Kaiser Karl der Große (747–814) so blutig und vehement bekämpft hatte. Als ältestes Mitglied der Familie kann mit Sicherheit Graf Liudolf (†866) identifiziert werden. Der Aufstieg dieser Liudolfinger fiel mit dem Aufstieg des Ostfränkischen Reiches und damit dem Entstehen des Heiligen Römischen Reiches Deutscher Nation zusammen, im Jahr 919 stellten sie mit Heinrich I. erstmals den deutschen König. Seine wichtigste Herausforderung war sogleich die Verteidigung des Reiches gegen die ungarischen Reiterheere, die Jahr für Jahr das Land unsicher machten. 933 gelang eine erste entscheidende Schlacht irgendwo an der Unstrut gegen diese wendig agierenden Krieger. Da zuvor schon die Böhmen und elbslawische Stämme unterworfen und zu Tributzahlungen verpflichtet worden waren, gelang tatsächlich eine weitgehende Stabilisierung des Reichs. Erst sein Sohn Otto (912–973) aber konnte mit seinem epochalen Sieg auf dem Lechfeld (955) endlich Ruhe vor den regelmäßig einfallenden Ungarnhorden bringen. Deren Plünderungen, die wie eine Geißel Gottes mehrerer Generationen Arbeit oft an einem einzigen Tag vernichtet hatten, waren nun endgültig Vergangenheit. Obwohl über legendäre Schlacht südlich von Augsburg nicht allzu viel historisch Verwertbares bekannt ist, bedeutete sie eine Zeitenwende: An deren Ende flohen die überlebenden Ungarn (wohl noch 20.000 Mann stark) so überstürzt, dass die Augsburger zunächst von einem weiteren Angriff auf ihre Stadt ausgingen. Menschlich verständlich ist auch, dass man nach der fünfzigjährigen Schreckenserfahrung keine Gefangene machte; nur die überlebenden Anführer hatten das „Privileg", am Ostentor in Regensburg, der damaligen Hauptstadt Bayerns, gehenkt zu werden.

Innenpolitisch untermauerte Heinrich I. mit der Quedlinburger Hausordnung (929) das Versprechen, das Reich fortan nicht mehr zu teilen, sondern es als Einheit weiterzuführen. Bis dahin war konsequente Erbteilung germanische Gepflogenheit, Besitzzersplitterung war die zwangsläufige Folge. König Heinrich ging sogar noch weiter, indem er seinen erstgeborenen Sohn in der Nachfolge überging und Otto, sein zweitgeborenen Sohn, zum direkten Nachfolger bestimmte; die anderen Söhne wurden „nur" mit der Herzogswürde abgefunden. Diese Entscheidung sollte noch eine Zeit lang für hochexplosive Unruhe sorgen, verursacht vor allem von den übergangenen Familienmitgliedern der Kaiserdynastie. Erst am Vorabend der berühmten Schlacht auf dem Lechfeld (955) wurden diese Familienquerelen mühsam beigelegt, so dass man gemeinsam in die große Schlacht ziehen konnte. Spätestens mit der Kaiserkrönung Ottos I. 962 hat man die Liudolfinger auch Ottonen genannt. Sein Sohn und sein Enkel hatten denn auch denselben Namen: Nach ihm kamen Otto II. (955–983) und Otto III. (980–1002) sowie Heinrich II. (973–1024). Der Tag des Sieges auf dem Lechfeld war der Namenstag des hl. Laurentius. Man schrieb den phänomenalen Sieg natürlich diesem Heiligen zu, Otto I. richtete denn auch in Merseburg ein Bistum zu seinen Ehren ein. Der hl. Laurentius wurde der wichtigste und meistverehrte Heilige im ganzen Abendland. Hatte man vor dem Sieg fast jeden Tag mit dem Tod durch ungarische Pfeile rechnen müssen, begann nun schnell eine Epoche irdischer Zukunftserwartung und -investitionen. Die romanischen Bauten sind noch heute Zeugnis dieser neuen Zeit. Hinzu kam, dass irdischer Wohlstand in nicht allzu vielen Händen konzentriert war: Die Masse der Bevölkerung musste ja ein Sklavendasein führen, Leibeigenschaft war die Regel. Zudem wollten die herrschenden Aristokraten sicher sein, dass sie im Jenseits auch gut gebettet waren: Dies geschah in der gängigen „do ut des"-Lebensauffassung nicht selten durch generöse religiöse Stiftungen. Hinzu kam hin und wieder ein Erlöschen ganzer Dynastien, was den letzten Spross oft zu umfangreichen Stiftungen veranlasste: Statt das gesamte Vermögen wegen des geltenden Heimfallrechts der anonymen Reichs- oder Herzogsinstanz zufallen zu lassen, brachten eben nicht wenige Adelige Stiftungen auf den Weg. Ohne diese vielen umfangreichen Stiftungen vor fast einem Jahrtausend würde es die heutige Straße der Romanik nicht geben.

01a Magdeburg: Dom ◀

Der heutige Dom entstand ab 1207; es war bereits der dritte Kirchenbau an diesem Platz. Entstanden ist er auf Ruinen, nachdem ein monströses Feuer ganz Magdeburg mitsamt dem romanischen Dom zerstört hatte. Der Wiederaufbau sollte der erste gotische Bau auf deutschem Boden werden: Das Erdgeschoss war noch spätromanisch angelegt, während der Bauphase wurde mehr und mehr gotische Architektur übernommen.

01b Magdeburg: Kloster Unser Lieben Frauen

Das Kloster Unser Lieben Frauen entstand nach 1015 als Kollegiatstift für Chorherren besetzt. 50 Jahre später entstand eine dreischiffige, flachgedeckte Basilika. Der Gebäudekomplex mitten in der Magdeburger Altstadt wird zu den bedeutendsten romanischen Anlagen der gesamten Themenstraße gezählt. Heute dient er nicht mehr als Gotteshaus, er beherbergt ein städtisches Kunstmuseum und eine Konzerthalle.

01c Magdeburg: St. Sebastian

Die St.-Sebastian-Kirche hat ihren Gründungsstein 1015 durch Erzbischof Gero erhalten, der hier auch sieben Jahre später beigesetzt wurde. Ursprünglich hatte die Kirche auch weitere Gründungsheilige, als das Stift jedoch eine Kopfreliquie des hl. Sebastian in den Besitz bekam, verloren die anderen Kirchenheiligen an Bedeutung. Beispielsweise fand am Gedenktag des Heiligen alljährlich eine Prozession zum nahen Dom statt.

Im Laufe der Jahrhunderte gab es verschiedene Umbauten, so wurde St. Sebastian im 13. Jahrhundert zur spätgotischen Hallenkirche überformt. Die Doppelturmfassade und die Vierung verweisen jedoch bis heute auf den romanischen Ursprung. Nach den Zerstörungen im Dreißigjährigen Krieg (1631) erhielten die romanischen Doppeltürme ihre Zwiebelhauben. Erst 1692 wurde wieder ein Gottesdienst in der Kirche gefeiert.

01d Magdeburg: St. Petri

Die Kirche St. Petri wurde um 1150 im Fischerdorf Frose auf dem Petersberg, einer kleinen Erhebung am Elbeufer, gegründet. Die Kirche lag damals noch vor den Toren der Magdeburger Stadtmauer. Dieser erste Bau war einschiffig. Ein Wiederaufbau nach einer totalen Zerstörung im Jahr 1213 ging mit einer Erweiterung Magdeburgs einher, was die neue Kirche nach Madgeburg brachte.

Am 16. Januar 1945 zerstörten massive alliierte Luftangriffe in einer einzigen Nacht, was zuvor acht Jahrhunderte überdauert hatte: Von St. Petri blieben lediglich der Westturm – nach den vorherigen Umbauten der Rest des Gründungsbaus aus dem 12. Jahrhundert – und die Vorhalle einigermaßen erhalten. Von 1962 bis 1972 wurde die Kirche in der jetzigen Form restauriert.

02 Groß Ammensleben: Benediktinerkloster

Das Benediktinerkloster in Groß Ammensleben ist 1120 als Augustiner-Chorherrenstift gegründet worden, ging aber bald darauf an den Orden des hl. Benedikt über. Das Kloster wurde gleich nach der Kirchenweihe zur Abtei erhoben. Die höhere Stellung nutzte 150 Jahre später der Abt, um die Vogteirechte zurückzukaufen, nachdem diese in unliebsame Hände gekommen waren (Vögte vertraten die weltlichen Dinge eines Klosters,

waren beispielsweise für die Gerichtsbarkeit zuständig). Die Kaufsumme belastete allerdings das Kloster schwer und hätte es wirtschaftlich fast überfordert. Dennoch überlebte das Kloster bis zur Säkularisation im Jahr 1804, als die Umwandlung zum königlichen Domänenamt vorgenommen wurde. Die ehemalige Klosterkirche dient heute als katholische Pfarrkirche.

03 Hillersleben: Benediktiner-Nonnenkloster

Das Benediktiner-Nonnenkloster St. Laurentius in Hillersleben musste zweimal gegründet werden, nachdem es um das Jahr 1000 bei einem Slawen-Einfall zerstört worden war. Bereits 1022 wurde es als erzbischöfliches Eigenkloster neu errichtet und direkt dem Magdeburger Erzbischof unterstellt.

Wenn man bedenkt, dass es in der Reformation wie viele andere aufgelöst wurde, zwischendurch in eine staatliche Domäne umgewandelt war, dann der Wehrmacht gehörte und schließlich der DDR-Bodenreform unterzogen wurde, bewundert man dieses Zeugnis der Romanik umso mehr; heutzutage errichtete Gebäude würden ganz sicher keine 1.000 Jahre mehr überstehen.

04 Hundisburg: Ruine Dorfkirche Nordhusen

Die dominante romanische Kirchenruine Nordhusen markiert heute eine Wüstung, das heißt einen abgegangenen Ort. Nordhusen scheint bereits um 1214 – womöglich aus Sicherheitsgründen – aufgegeben worden zu sein, stattdessen wurde der Ort Hundisburg gegründet. Allerdings sind für die Kirche noch Einkünfte für die Jahre 1307 und 1325 belegt. Die Ruine markiert den wuchtigen Westquerturm der früheren Dorfkirche. Er ist aus Bruchsteinen gemauert und hat die vielen Jahrhunderte erstaunlich gut überstanden. Zwei Rundbögen hatten den Zugang zum ehemaligen Kirchenschiff ermöglicht, im oberen Teil des massiven Turms sind fünf sogenannte Schallöffnungen erhalten.

05 Bebertal: Friedhofskapelle St. Stephan und St.-Jacobi-Kirche

Die ehemalige Missionskirche in Bebertal ist aus der Luft unter den Bäumen kaum auszumachen. Sie war eine der zahlreichen Taufkirchen des 9. Jahrhunderts und dem hl. Stephan geweiht. Der einfache Rechtecksbau wird seit dem 17. Jahrhundert als Friedhofskapelle genutzt. Die nahe gelegene, oben abgebildete St.-Jacobi-Kirche weist ebenfalls romanische Teile auf, der angebaute Westturm ist wohl spätromanisch. Spätere Erweiterungen haben

jedoch andere Baustile eingefügt. Ein 14 Meter hoher Turm dominiert den Gebäudekomplex, Schiff und Turm sind dabei nicht in Verbund gemauert, der romanische Schiffsgiebel ist über eine alte Öffnung zum Dachstuhl verbunden. Im Kirchenschiff selbst sind Romanik und Barock vermischt; bis ins 17. Jahrhundert bildete eine romanische Rundbogentür in Turmnähe den Haupteingang, der später vermauert wurde.

06 Walbeck: Stiftskirche St. Marien

Die Ruinen der Stiftskirche St. Marien über dem Allertal gehen in die frühe Ottonenzeit zurück; das Stift wurde ab 942 als Hauskloster einer Grafenfamilie errichtet. Die Gründungsgeschichte erscheint verworren, zeigt uns aber die innenpolitischen Probleme damaliger Akteure: Der Walbecker Graf Lothar hatte an einer fehlgeschlagenen Verschwörung gegen König Otto I. teilgenommen und war wie die meisten Betei-ligten zunächst zum Tod verurteilt worden. Eine wesentliche Auflage der nachfolgenden Begnadigung war die Verpflichtung zur Errichtung eines Chorherrenstifts auf seiner Burg, was zugleich deren militärischen Wert stark minderte. Die Ruinen sind bis heute beeindruckend, zumal die Stiftskirche um 1000 stark erweitert wurde. Der 1934 geborgene Sarkophag des Stifters ist in der Dorfkirche St. Michaelis in Walbeck aufgestellt.

Wiepke: Dorfkirche

Die spätromanische Dorfkirche (12./13. Jahrhundert) in Wiepke wurde mit aufgelesenen Feldsteinen aufgemauert, gebrochene Steine waren in der Umgebung offensichtlich rar. Der einschiffige Saalbau mit dem kurzen Kirchenschiff und dem quadratischen Chor dominiert eine kleine Anhöhe. Das verhältnismäßig kurze Kirchenschiff ist innen flachgedeckt. Das Glockengeschoss des Turms musste um 1600 nach einem zerstörerischen Brand neu aufgebaut werden. Das Kircheninnere ist daher auch von jüngeren Stilrichtungen bestimmt, dennoch kann Wiepke sehr stolz auf seine authentische Dorfkirche sein.

08 Engersen: Dorfkirche

Engersen tauchte erstmals 1238 in einer Urkunde auf, als Klein Engersen („Engerbu parvum") und Groß Engersen („Engerbu magnum") den Besitzer wechselten. Die spätromanische Dorfkirche in Engersen (13. Jahrhundert) ist wie die in Wiepke aus Feldsteinen errichtet. Ursprünglich handelte es sich um eine Wehrkirche. Aus der unruhigen Zeit der Kirchengründung stammt auch ein sogenanntes Triumphkreuz, dessen Original – um

1900 aus der Kirche entfernt – heute im Altmärkischen Museum Stendal verwahrt wird.
Die Kirche wurde 1738/39 und 1877 restauriert, auch 2014 wurde an ihr, wie im Bild zu erkennen, gebaut. Man will für die nächsten 1.000 Jahre gerüstet sein.

09 Rohrberg: Dorfkirche

10 Diesdorf: Klosterkirche ▶

Die spätromanische Dorfkirche in Rohrberg (12./13. Jahrhundert) ist eine Feldsteinkirche mit einem backsteingemauerten Querhaus. Der kreuzförmige Grundriss ist allerdings erst sehr viel später durch Erweiterungsbauten entstanden. Eine hölzerne Flachdecke verweist in die romanische Entstehungszeit. Der Fachwerksturm wurde erst um 1750 angefügt, der kreuzförmige Ausbau sogar erst 1884.

Die Augustiner-Chorherren- und Nonnenklosterkirche in Diesdorf ist „Maria und dem Kreuz" („St. Maria et Crucis") geweiht. Ursprünglich hat man vom Kloster Marienwerder gesprochen. Es war als Missionszentrum für das Wendland gegründet worden, zum Kloster gehörten denn auch acht wendische Dependancen. Zudem ist von hier aus die Gründungsinitiative für nicht wenige Klöster ausgegangen.

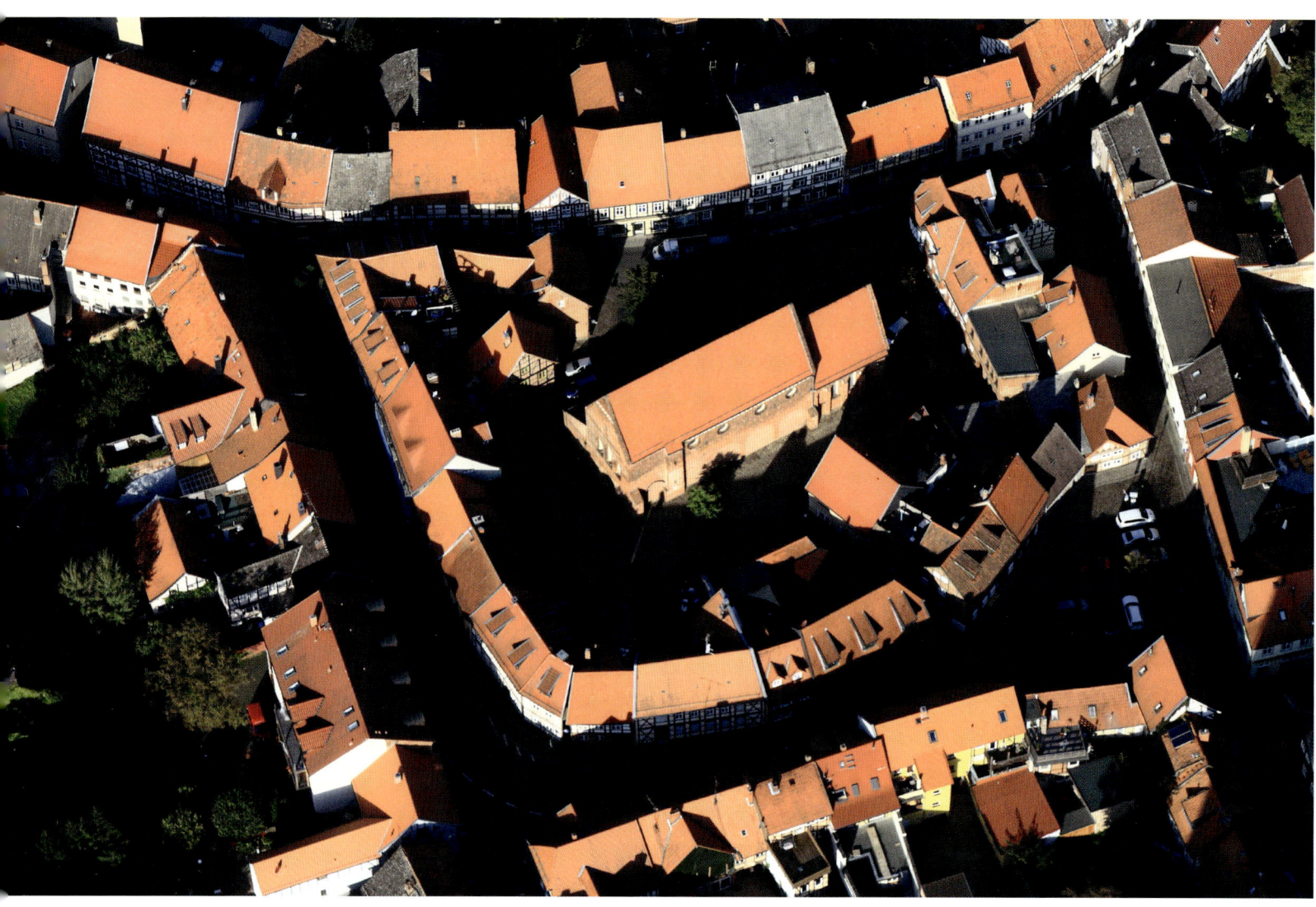

11 Salzwedel Lorenzkirche

12 Arendsee: Benediktinerinnen-kloster St. Marien ▶

Die ursprünglich dreischiffige Lorenzkirche in Salzwedel markiert die Zeit des Übergangs von der Romanik zur Gotik. Das Mittelschiff war zunächst flach gedeckt, wurde jedoch etwa um 1400 mit einem gotischen Gewölbe ausgestattet. Das Laurentius-Patrozinium könnte in die frühe Ottonenzeit verwiesen (siehe Schlacht auf dem Lechfeld, S. 14).

Die dreischiffige, turmlose Benediktinerinnen-Klosterkirche in Arendsee mit dem herrlichen Südportal ist eine der größten Kirchen der Altmark. Im Innern fallen die Ornamente aus Backstein sowie mehrere kunstvolle Epitaphien auf. Das Kloster wurde zu Weihnachten 1183 auf der grünen Wiese am südlichen Seeufer gegründet, der Kirchenbau dauerte 60 Jahre. Bald entstand auch eine Klosterschule für Kinder von Adligen.

13 Beuster: Stiftskirche St. Nikolaus

Die Backstein-Stiftskirche St. Nikolaus in Beuster liegt an einem Altarm der Elbe, im Mündungsbereich der Wische. Sie ist als typische Basilika errichtet und hinterlässt im Innern einen „geduckten" Eindruck. Der ursprüngliche romanische Turm wurde in der Spätgotik ersetzt, die Positionierung des neuen Turms im Kirchenschiff hatte gleichzeitig das Mittelschiff um eine Arkade verkürzt. Neue dendrochronologische Unter-suchungen weisen die dreischiffige Basilika dennoch als eine der ältesten Backsteinbauten nördlich der Alpen aus.

Die Lage in den flachen, überschwemmungsgefährdeten Elbauen lässt uns die Stiftskirche noch mehr bewundern, schließlich gibt es massive Hochwasser nicht erst seit unseren Tagen.

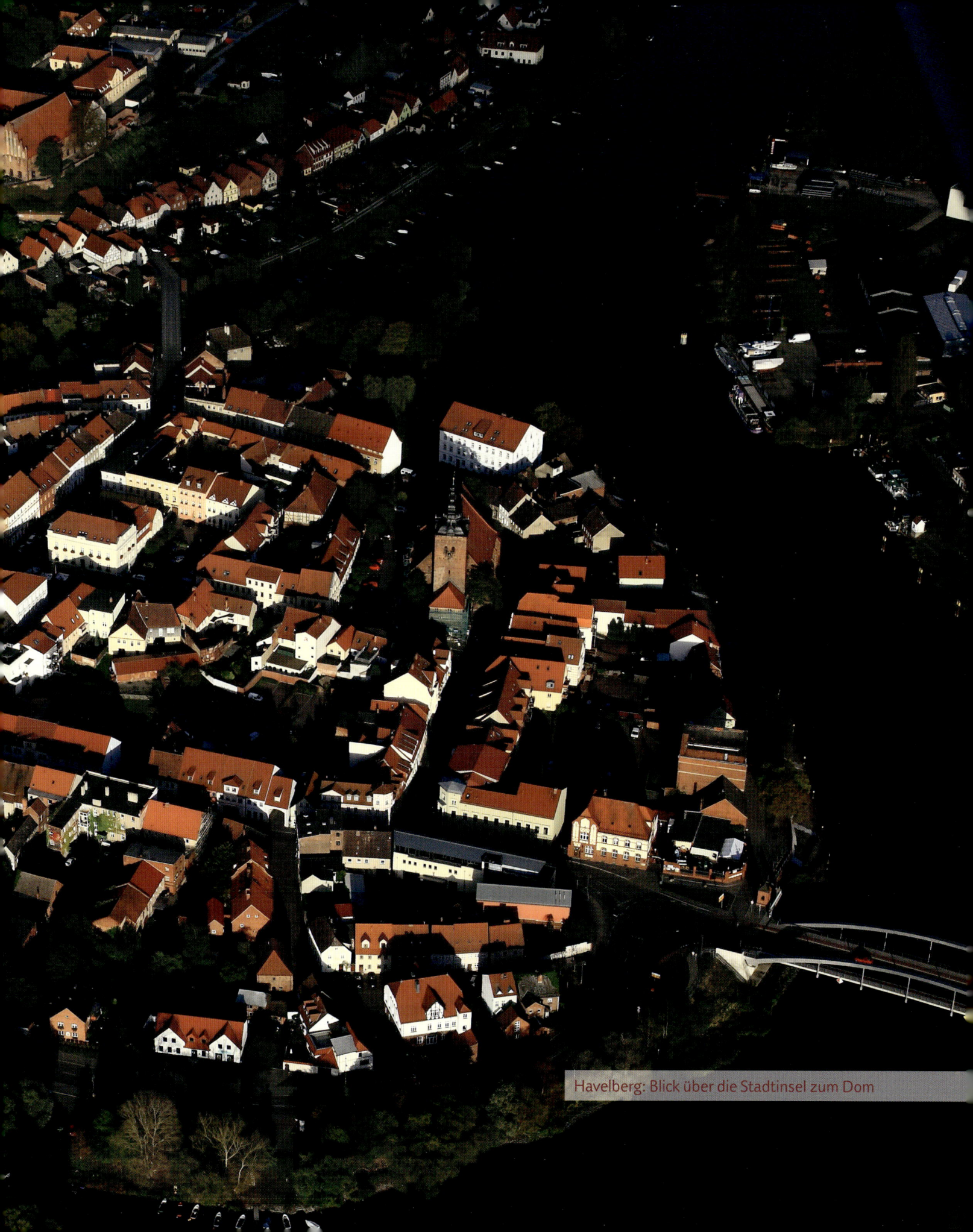

Havelberg: Blick über die Stadtinsel zum Dom

14 Havelberg: Dom St. Marien

Der wuchtige Dombau St. Marien in Havelberg hängt mit dem sogenannten Wendenkreuzzug im Jahr 1147 zusammen. Dieser Kontext mag dem flachgedeckten Havelberger Dom vielleicht auch den wuchtigen Westbau gegeben haben, der als ornament- und fensterloser Block heute als die entschiedenste Verwirklichung des so genannten Sächsischen Westriegels gilt.

15 Sandau: Pfarrkirche ▶

Die Pfarrkirche St. Nikolaus (auch St. Laurentius) wurde um 1200 von niederländischen Kolonisten errichtet. Sie waren es auch, die durch Eindeichungen das urbare Land rund um den Ort vergrößerten und so die wirtschaftliche Basis ausweiteten. Zuvor hatte eine Holzkirche auf einer ursprünglich slawischen Opferstätte bestanden. In der Gotik wurde schließlich im Chor ein Kreuzrippengewölbe eingezogen.

16 Schönhausen: Dorfkirche ◀

Der spätromanische Backsteinbau der Dorfkirche ist heute das älteste Gebäude in Schönhausen. Ihre Weiheurkunde aus dem Jahr 1212 wurde im 18. Jahrhundert im Altar entdeckt. Der sicher bekannteste Sohn Schönhausens ist ohne Zweifel Otto von Bismarck (1815–1898), er wurde in dieser Kirche getauft: Die Politik des „Eisernen Kanzlers" führte 1871 zur Gründung des „zweiten" Deutschen Reichs, das mit der Abdankung des Kaisers 1918 endete.

17 Wust: Dorfkirche

Die Dorfkirche Wust wurde um 1200 errichtet. Sie wurde später tiefgreifend verändert, vor allem die kunstvolle Kassettendecke ist hier zu nennen. Wust ist der Geburtsort von Hans Hermann Katte (1709–1730), dem Jugendfreund Friedrichs II., der wegen Beihilfe zur Fahnenflucht auf Geheiß von König Friedrich Wilhelm I. in Küstrin vor den Augen des Kronprinzen hingerichtet wurde. Seine Gebeine ruhen seither in der Familiengruft unmittelbar neben der Kirche.

18
Melkow: Dorfkirche ◄

Die spätromanische Dorfkirche Melkows, erbaut um 1200, ist im Originalzustand erhalten. Sogar Winkel- und Rundbogenfriese sind noch als originaler Bauschmuck vorhanden, typisch für die Zeit sind auch die kleinen, hochsitzenden Fenster an Chor und Schiff. Trotz der lange zurückliegenden Bauzeit finden sich am Außenmauerwerk des Turmes noch zahlreiche mittelalterliche Rüstlöcher.

19
Großwulkow: Dorfkirche St. Annen

Wulkow wird 1144 in der Gründungsurkunde des Klosters Jerichiow als „Slavica Wulkowe" erwähnt. Die Dorfkirche im heutigen Großwulkow ist um 1170 entstanden und wurde 1172 erstmals in einer Urkunde des Erzbischofs Wichmann von Magdeburg genannt. Sie gehört (noch) nicht zur offiziellen Straße der Romanik, ist aber allemal einen Besuch wert.

20a Jerichow: Prämonstratenserstift

Das Prämonstratenserstift in Jerichow gehört zu den ältesten romanischen Backsteinbauten der ganzen Region. Das Stift war für Weltgeistliche mit seelsorgerischen und missionarischen Aufgaben bestimmt, war also keine Klosterklausur. Man sprach bei solchen Einrichtungen daher im Allgemeinen nicht von einem Kloster, wie etwa bei vergleichbaren Prämonstratenser-Anlagen in Magdeburg oder Havelburg. Nicht so

jedoch in Jerichow – hier sprach und spricht man vom Kloster Jerichow. 1144 gegründet, zog es 1148 an den jetzigen Standort, was auch den Baubeginn der Kirche bedeutete. Noch vor 1200 war die Krypta fertiggestellt. Gut 100 Jahre nach der Gründung waren die Bauarbeiten abgeschlossen.

20b Jerichow: Stadtkirche

Die Jerichower Stadtkirche wurde um 1230 als Backsteinbau mit einer Flachdecke, eingezogenem Recht-
eckchor und einem Kirchenschiff ausgeführt und war
ursprünglich turmlos. Im Kernbau handelt es sich um
eine klare spätromanische Gliederung nach dem Vorbild
der Klosterkirche Jerichow.

21 Redekin: Dorfkirche

Die kleine Backstein-Dorfkirche Redekins stammt aus der Zeit um 1200, die regelmäßig angelegten Rüstlöcher der Bauzeit sind noch vorhanden. Friesverzierungen im Kirchenschiff und eine Sonnenuhr an der Südwand des Chores sind baulich selten erhaltene Besonderheiten. Das Dorf selbst war offenbar der älteste Grundbesitz des nahen Klosters Jerichow, das es 1144 erhielt. Die Kirche war auch nach der Romanik eine lebende Kirche, wie die

Ahnenwappen und ein eingemauerter Grabstein aus dem Jahr 1581 zeigen.

Altenplathhow: Grabstein des Herrn von Plotho

Das Entscheidende in Altenplathow ist nicht aus der Luft zu sehen: Es ist der Figurengrabstein aus dem Jahr 1170 in der Sakristei der oben abgebildeten Dorfkirche, der älteste romanische der ganzen Gegend. Er wurde beim Neubau der heutigen Backsteinkirche vor gut 100 Jahren im Abrissmaterial der romanischen Felssteinbaukirche entdeckt: Dargestellt ist der 1170 gestorbene Burgherr Hermann von Plotho, der als erzbi-

schöflich-magdeburgischen Lehensmann Burg und Dorf seinen Namen gegeben hatte. Die Ortswahl des Dorfes war durch einen Flussübergang bestimmt, den zudem eine eigene Wasserburg bewachte. Das slawische Wort plot (= Zaun, Grenze) ging denn auch in den Ortsnamen ein.

23a Burg: Oberkirche Unser Lieben Frauen ◄

Burg, die Stadt der Türme im Beinamen, ist aus zwei Ortschaften zusammengewachsen. Dies erklärt auch die beiden romanischen Kirchenperlen Burgs. Die Ober- und Unterstadt standen zunächst unter getrennter Verwaltung und erhielten erst im frühen 13. Jahrhundert eine gemeinsame Befestigung. Die Oberkirche Unser Lieben Frauen zählt sich zu den wichtigsten Kirchenbauten des mittleren Elbebereichs. Die beiden ungleichen Turmspitzen über dem romanischen Westbau geben der Kirche ein unverwechselbares Aussehen.

23b Burg: Unterkirche St. Nicolai

Die spätromanischen Unterkirche St. Nicolai mit ihrem kreuzförmigen Grundriss einer Pfeilerbasilika und querrechteckigen Westbau wurde zwischen 1162 und 1186 errichtet. Der kunstvoll gemauerte Granitquaderbau ist über die Jahrhunderte weitgehend unverändert erhalten geblieben, seine Architektur wird wegen ihrer Klarheit und ausgewogenen Proportionen geschätzt. Im Innern der Kirche sind zudem ein Taufstein aus dem 12. Jahrhundert, die originale Altarplatte und ein Grabstein von 1321 erhalten.

24a Loburg: Dorfkirche St. Laurentius

St. Laurentius (1301 erwähnt) ist heute Ortskirche von Loburg. Sie wurde noch zu romanischer Zeit auf den Grundmauern eines zerstörten Vorgängers aufgebaut. Vor allem der quereckige Unterbau des Kirchturms stammt aus dieser Zeit. Spätere Umbauten brauchten weitere Stilepochen in den Kirchenbau, so die spiralförmigen Giebeltreppungen im Stil der Niederländischen Renaissance und die drei markanten Turmspitzen.

24b Loburg: Ruine Unser Lieben Frauen

Die zur Straße der Romanik zählende Kirche Unser Lieben Frauen ist heute Ruine. Die dreischiffige Pfeiler- bzw. Säulenbasilika (12. Jahrhundert) hatte sie ihren Standort vor der Stadtbefestigung und dadurch sehr unter Plünderungen zu leiden; die öffentliche Ordnung war offensichtlich nur innerhalb befestigter Orte gesichert. Das Gotteshaus wurde aufgegeben und verfiel.

25a Leitzkau: Dorfkirche St. Petri

Leitzkau war zunächst eine Missionsstation (Holzkirche) innerhalb einer slawischen Siedlung, die 1114 eine steinerne Kirche erhielt. Die heutige Dorfkirche St. Petri könnte damit die älteste noch existierende Steinkirche östlich der Elbe sein. Zu dieser Zeit war Leitzkau für einige Zeit sogar der provisorische Sitz des Bistums (bis 1161), als das Brandenburger Domstift von Slawen besetzt und nicht zugänglich war. Die dreischiffige Pfei-

lerbasilika ist im kreuzförmigen Grundriss ausgeführt. Natürlich wurde sie im Laufe der Jahrhunderte immer wieder geändert, beispielsweise haben die ursprünglichen Seitenschiffe die Zeit nicht überstanden, auch wurden die romanischen Fenster zugemauert, doch der romanische Charakter der Dorfkirche ging nicht verloren.

25b Leitzkau: Klosterkirche St. Maria

Die Klosterkirche St. Maria wurde 1155 geweiht. Heute besteht sie nur noch als restaurierte Ruine. Das Kloster besaß zeitweise eine herausragende Stellung, hatte beispielsweise Stimmrecht bei der Bischofswahl in Brandenburg. Dennoch konnte die wirtschaftliche Basis nicht erweitert werden, der Mönchskonvent musste sogar nach und nach seinen Stiftsbesitz verkaufen. Neun Handschriften des Leitzkauer Prämonstratenserstifts

sind auf diese Weise an die Herzog August Bibliothek in Wolfenbüttel gekommen. Die Reformation beendete das Klosterleben, das Kloster wurde säkularisiert, das Konventsgebäude zur rechteckigen Schlossanlage umgewandelt. Beim Umbau der Klosterkirche zur Schlosskirche wurden deren Seitenschiffe sowie der Chor abgerissen und das Querhaus in einen Speicher verwandelt.

26   Pretzien: Dorfkirche St. Thomas

Die äußerlich schlichte Dorfkirche St. Thomas in Pretzien aus dem Jahr 1140 fällt durch einen romanischen Taufstein und originale Wandmalereien aus der Gründerzeit auf. Sie porträtieren übliche Motive dieser Zeit, Christus und Maria sind ebenso dargestellt wie Johannes der Täufer oder Heilige, Propheten und Engel. Im Chorraum sind die klugen und törichten Jungfrauen zu sehen, Isaak mit seinen Söhnen oder Lazarus. Alle

Darstellungen wurden um 1300 übermalt und erst in den 1970er Jahren wiederentdeckt und gesichert. Der Fachwerkaufsatz des Haubenturms wurde erst vor gut 200 Jahren umgestaltet. Aus der Luft betrachtet, fällt wie bei manch anderer Station der Straße der Romanik die dörfliche Umgebung angenehm auf.

Kulturlandschaft südlich des Flämings

Morgennebel an der Elbe bei Jerichow

27 Wanzleben: Burg

Die Niederungsburg Wanzleben hat in den letzten
1.100 Jahren viel gesehen. An der früheren Heerstraße
von Magdeburg gelegen, hatte die Rundburg lange auf
ihren Schutz durch doppelte Gräben und Wällen ver-
trauen können. Der 30 Meter hohe romanische Bergfried
strahlte zusätzliche Sicherheit aus. Burgbesitzer waren
unter anderem der Magdeburger Bischof, die preußische
Domänenverwaltung und in der DDR eine LPG.

28 Seehausen: St. Peter und Paul ▶

St. Peter und Paul in Seehausen ist heute die älteste
Kirche der Magdeburger Börde. Ihr Vorgängerbau, von
dem sich Reste erhalten haben, wurde wohl um 830 errichtet. Erstaunlicherweise ist die einschiffige Kirche bis
heute weitgehend unversehrt erhalten. Die mag an der
Gesamtsituation gelegen haben: Zwar war Seehausen
um 1200 eine florierende Stadt, eine Verlagerung von
Handelsstraßen ließ den Ort jedoch schrumpfen.

29   Hadmersleben: Benediktinerinnenkloster St. Peter und Paul

Das Benediktinerinnenkloster St. Peter und Paul wurde im Jahr 961 durch den Bischof Bernhard von Halberstadt gestiftet. Die Stiftungsurkunde wurde vom damals sechsjährigen Mitkönig Otto II. mit einem sogenannten Vollziehungsstrich eigenhändig beglaubigt. Erst nach dem Tod des Bischofs „Eisenkopf", wie Bernhard wegen seiner Weigerung, Otto I. das Erzbistum Magdebug zu überlassen, genannt wurde, im Jahr 968

konnte sich die kaiserliche Reichspolitik durchsetzen. Die ottonischen Kapitelle im Südschiff der Unterkirche stammen aus dieser Zeit. Die romanisch-gotische Kirche entstand erst lange nach diesen Auseinandersetzungen, mit zwei Schiffen und sechsjochigen Kreuzgratgewölben war sie großzügig angelegt. Ab 1160 gewann die Oberkirche ihre jetzige Höhe, der wuchtige Kirchturm wurde um 1250 ausgeführt.

30 Kloster Gröningen: Benediktinerklosterkirche St. Vitus

Das Benediktinerkloster Gröningen wurde bereits 936 vom ostwestfälischen Kloster Corvey aus gegründet. Die Klosterkirche St. Vitus wurde dem Hirsauer Baustil folgend gut 250 Jahre nach dieser Gründung zur romanischen dreischiffigen Flachdeckenbasilika umgebaut. Ein massiver achteckiger Vierungsturm krönt die ehemalige Klosteranlage. In der Kirche beeindruckt die nach originalen Farbbefunden geschaffene Kopie einer

Großplastik von 1170: Christus als Weltenrichter mit den Aposteln. Das aus Stuck gefertigte Original gehört kam 1901 zum Skulpturenbestand der Berliner Museen und wird seit 1964 im Bode-Museum verwahrt. Der noch in St. Vitus befindliche romanische Taufstein zeigt ebenfalls, welche phänomenale Wirkung romanische Kunst an Originalplätzen entfalten kann.

31 Hamersleben: Stiftskirche St. Pankratius

32 Dedeleben: Westerburg ▶

Das ehemalige Augustiner-Chorherrenstift Hamersleben wurde 1108 in Osterwieck gestiftet, jedoch schon
zwei Jahre später nach Hamersleben verlegt. Der Grund
hierfür war eine generöse Zustiftung zweier adeliger
Damen, die all ihren Gutsbesitz samt Einkünften dem
Bistum unter der Bedingung vermachten, dass das Stift
hierher verlegt würde. Zugleich nahm der Papst den
Hamerslebener Konvent unter seinen Schutz.

Die Westerburg zeigt den wehrhaften Charakter romanischer Burgen: Eine fast 2 Meter dicke Außenmauer
schützt noch heute die ovale Rundburg, der mächtige
Bergfried bot eine zusätzlich Rückzugsmöglichkeit.
Zwei umlaufende Wassergräben erschwerten eine
feindliche Annäherung an den Mauerring. In ihrer gut
erhaltenen Anlage zeigt uns die Westerburg geradezu
ein Musterbeispiel mittelalterlicher Wehrtechnik.

33 Huy-Dingelstedt: Benediktiner-kloster Huysburg ◀

Das Benediktinerkloster Huysburg bezog seinen Namen von der auf dem bewaldeten Höhenrücken des Huy gelegenen Burganlage. Hervorgegangen aus einer fränkischen Militärstation gegen die Slawen, wurde hier im Jahr 1084 ein Klosterkonvent gegründet. Nahezu zeitgleich wurde mit dem Bau der Klosterkirche St. Maria begonnen (1121 geweiht), heute ein bedeutendes Denkmal früh- und hochromanischer Architektur.

34a Halberstadt: Dom St. Stephanus und St. Sixtus

Der mächtige Dom St. Stephanus und St. Sixtus in Halberstadt folgt dem französischen Kathedralschema. Er wurde ab 810 als Missionszentrum errichtet. Erst ein Kircheneinsturz im Jahr 965 ließ den ottonischen Dombau entstehen, der 992 geweiht wurde. Besonders bekannt ist der Dom wegen seines Domschatzes: Trotz aller Verluste über die vielen Jahrhunderte gilt er als einer der wertvollsten Deutschlands.

34b Halberstadt: Liebfrauenkirche

Die Liebfrauenkirche in Halberstadt hat fast ein burg-ähnliches Aussehen. Sie ist eine der drei Hauptkirchen Halberstadts. Die viertürmige Basilika weist schon vom Äußeren eindeutig in die Zeit der Romanik, sie feierte 2005 ihr 1.000-jähriges Bestehen. Ihr Bau geht auf die Gründung eines Augustiner-Chorherrenstifts zurück. Fast das gesamte 12. Jahrhundert wurde an der mächtigen dreischiffigen Pfeilerbasilika gebaut. Im Innern

beeindrucken unter anderem die einzigartigen Stuck-figuren der zwölf Apostel sowie die fast lebensgroßen Vollreliefs von Maria und Christus. Diese Figuren zeichnen sich bereits durch echte Körperlichkeit und harmonische Bewegungen aus und haben nicht mehr die ansonsten übliche strenge, fast unnahbare Körper-haltung.

35 Osterwieck: Kirche St. Stephani

Die Kirche St. Stephani in Osterwieck war ab 780 ein Zentrum karolingischer Mission im Nordharz. Nur die wuchtige romanische Turmfront stammt noch aus den ersten Jahrzehnten nach 1100; ebenfalls noch aus dem 12. Jahrhundert sind die beiden Türmen und die romanische Glockenstube. Das Schichtenmauerwerk mit sehr unterschiedlichen Steinformaten zeigt dem Kenner die Entstehung in dieser Zeit.

36 Ilsenburg: Benediktinerkloster ▶

Das ehemalige Benediktinerkloster St. Peter und Paul in Ilsenburg ist aus einer königlichen Jagdpfalz hervorgegangen. Der Umbau zum Kloster wurde zwischen 1003 und 1018 vollzogen. Im Jahr 1018 kamen Mönche aus Fulda und gründeten ihren Konvent. Es folgte eine gut 500-jährige Blütezeit, die mit ständig neuen Besitzungen eines der reichsten Benediktinerklöster zwischen Weser und Elbe entstehen ließ.

37 Drübeck: Benediktinerinnenkloster St. Vitus

Das Benediktinerinnenkloster in Drübeck ist gegenwär-
tig eine Tagungsstätte der evangelischen Kirche. Eine
erste Nennung 877 wird heute als Fälschung angesehen.
Man geht davon aus, dass die Urkunde Ottos I. von 960
der älteste Beleg des Klosters „Drubechi" ist. Otto III.
gewährte 995 die freie Äbtissinnenwahl und erhob das
Kloster in eine besondere Rechtsstellung ähnlich Quedlinburg. Die letzte Kanonisse verstarb 1976 im stolzen

Alter von 88 Jahren. Der Bau des Klosters begann wohl
um das Jahr 1000, die flachgedeckte Basilika St. Vitus
mit ihren Doppeljochen stammt aus dieser Zeit. Bis
auf das nördliche Seitenschiff ist die Kirche noch heute
in ihrer ursprünglichen Gestalt vorhanden. Aus dem
12. Jahrhundert stammt die Grabplatte für die legendäre
Gründungsäbtissin Adelbrin in der Kirchenkrypta.

38 Blankenburg: Zisterzienserkloster Michaelstein

Das Zisterzienserkloster Michaelstein liegt noch heute außerhalb Blankenburgs. Dies war auch im Gründungsjahr 1146 so gewollt, und folgte den Ordensregeln, wonach in Städten, befestigten Orten und Dörfern keine Klöster gebaut werden sollten. Die Anfänge des Klosters gehen womöglich auf eine nahe Einsiedlerhöhle zurück, in der im 9. Jahrhundert eine Klausnerin namens Liutbirg lebte. Schenkungen, strikt gelebte Armut und strenge Eigenwirtschaft erweiterten mit der Zeit den Klosterbesitz deutlich.

Heute beherbergt die Anlage die Stiftung Kloster Michaelstein und die Musikakademie Sachsen-Anhalt und ist über das ganze Jahr regelmäßiger Gastgeber von Konzerten wie den „Michaelsteiner Klosterkonzerten", der „Talente-Schmiede", dem „Klingenden Museum" oder den „Klugen Donnerstagen".

Quedlinburg: Stiftskirche und Schloss

39a Quedlinburg: Dom St. Servatius

Der Quedlinburger Dom ist ein hervorragendes Denkmal hochromanischer Baukunst zwischen 1070 und 1129. Die flachgedeckte, dreischiffige Basilika war Teil des hiesigen Damenstifts, heute ist sie UNESCO-Welterbe und geschütztes Kulturgut der Haager Konvention. Angesichts des Alters ist es uns kaum vorstellbar, dass vor dem Stiftskirchenbau von St. Servatius an gleicher Stelle bereits drei Vorgängerkirchen gestanden

haben. In der Krypta sind König Heinrich I. und seine Gemahlin Mathilde begraben. Die Basilika hat es auch überlebt, dass sie von 1938 bis 1945 gar keine Kirchenfunktion mehr hatte, weil die Nazis hier eine „Weihestätte" für ihre unheiligen Zwecke eingerichtet hatten. Quedlinburg, immerhin seit 994 mit Stadtrecht, wurde mit der Jahrtausendfeier 1994 Weltkulturerbe und damit das größte Flächendenkmal in Deutschland.

39b Quedlinburg: Basilika St. Wiperti

Die Basilika St. Wiperti (im Bild oben Mitte) geht auf einen Königshof des sächsisch-ottonischen Herrscherhauses zurück. Dieser wurde beispielsweise 922 in einer Urkunde Heinrichs I. als „villa quae dicitur Quitilingaburg" genannt. Einige Bauteile der St.-Wiperti-Kirche reichen denn auch in diese Zeit zurück. Hier am Königshof verbrachten die Ottonen meist ihre Osterfeste und kamen zudem zum Jahrestag des Todes ihres Stammvaters Heinrich I. (2. Juli 936). Beim Besuch Ottos des Großen im Jahr 966 wurde seine Tochter Mathilde als erste echte Äbtissin des Stiftes auf dem nahen Burgberg geweiht. Hier fand 973 zum Osterfest ein glänzender Hoftag mit Gesandten von Byzanz bis Russland statt. Auch nach dem Aussterben der Ottonen kamen noch Herrscher, wie etwa der Stauferkaiser Friedrich Barbarossa, nach Quedlinburg.

40 Gernrode: Stiftskirche St. Cyriakus ◄

Die Stiftskirche St. Cyriakus in Gernrode, im Jahr 961 erstmals erwähnt, zeigt sich dank „Purifikationen" im 19. Jahrhundert weitgehend im ursprünglichen romanischen Zustand. Die markgräfliche Gründung war auch deshalb so umfangreich, weil das Aussterben der Familienlinie absehbar war; konsequenterweise wurde die verwitwete Markgräfin zur ersten Äbtissin. Gernrode wurde zum angesehensten Frauenstift des Reiches.

41 Ballenstedt: Benediktinerkloster

Das Benediktinerkloster St. Pankratius und Abandus in Ballenstedt reicht mit seinem Westwerk in die Romanik zurück. Stiftungen des lokalen Grafengeschlechts hatten es 1043 reich ausgestattet. Gezielte Zustiftungen schufen die wirtschaftliche Basis für den weitläufigen dreischiffigen Säulenbasilika-Bau auf kreuzförmigem Grundriss; die ehemals beiden Türme wurden später gekürzt und durch die heutigen Dächern ersetzt.

Burg Falkenstein

42   Pansfelde: Burg Falkenstein

Der Falkenstein scheint eine ideale mittelalterliche Burg zu sein. Erbaut wurde sie ab 1120 von Burchard, der den ursprünglichen Stammsitz seiner Familie, die Konradsburg, in ein Kloster umgewandelt hatte. 1334 starben die Falkensteiner aus, die Burg kam ab 1437 an die Herren von der Asseburg. In den folgenden Jahrhunderten wurde immer wieder daran gebaut, ohne dass der mittelalterliche Charakter der Anlage verlorenging.

43   Frose: Stiftkirche St. Cyriakus ▸

Der Stiftskirche St. Cyriakus hatte der Ort die Möglichkeit der 1075-Jahrfeier in 2011 zu verdanken (936 hatte Otto I. eine Urkunde den Ort betreffend signiert). Die heutige Pfeilerbasilika stammt aus den Jahren um 1170. Frose liegt heute an einem See, was dem Braunkohlenbergbau geschuldet ist; bis 1990 hatte man hier Tagebau betrieben.

Ermsleben: Stadtkirche St. Sixtus

44 Ermsleben: Konradsburg mit Klosterkirche

Die Konradsburg bei Ermsleben wurde bereits um 1120 zum Kloster, als die Burgherren im nahen Selketal die Burg Falkenstein bauten und ihren Stammsitz dorthin verlegten: Aus den Konradsburgern waren damit Falkensteiner geworden. Die Konradsburg wurde im Folgenden zum geistigen und wirtschaftlichen Zentrum des Umlandes, bis der Bauernkrieg alles zur Ruine machte. Deswegen sind von der dreischiffigen Basilika heute nur mehr der Chor und die Krypta erhalten. Vor allem Letztere atmet romanischen Geist und gibt Zeugnis von der Baukunst um 1200. Auch dank des Engagements von Berliner Studenten in den 1980er Jahren konnte Konradsburg erhalten werden. Ermsleben mit der Stadtkirche St. Sixtus ist ein kleiner Ort zu Füßen der Konradsburg; er wurde 1045 als „Anegremislebo" erstmals urkundlich erwähnt.

45 Klostermansfeld: Klosterkirche Mariae Himmelfahrt

973 tritt der Ort Mansfeld in einer Tauschurkunde ins Licht der Geschichte. Das Benediktinerkloster Mariae Himmelfahrt entstand um 1140, es war Hauskloster und Begräbnisstätte der Mansfelder Grafen. Die ursprünglich dreischiffige Klosterkirche (geweiht 1170) weist nichts mehr von der romanischen Ursprungsgestalt auf, nur der Turm stammt noch aus dieser Zeit; der Grund liegt in den Zerstörungen im Bauernkrieg.

46 Helfta: Kloster St. Marien

Das Kloster St. Marien zu Helfta war 1229 in der Nähe von Mansfeld gegründet und erst später nach Helfta verlegt worden. Dank einer tatkräftigen ersten Äbtissin wurde das neue Kloster schnell zum Zentrum der deutschen Frauenmystik und von den Zeitgenossen als Perle der deutschen Frauenklöster wahrgenommen. Auch heute spricht man in der Wissenschaft noch von der „Helftaer Theologinnenschule", für manche Auto-

ren ist die Deutsche Mystik ohne Helfta gar nicht denkbar. Mit Reformation endete dies, und Helfta wurde zur Staatsdomäne. 1988 verhinderte der Einsatz eines örtlichen Lehrers die Sprengung der baufälligen Klosterreste des nunmehrigen volkseigenen Gutes. Heute gibt es nach einem couragierten Wiederaufbau wieder klösterliches Leben in Helfta.

47 Seeburg: Schloss und Kapelle

Die Seeburg ist heute ein Renaissanceschloss. Ihre Vorgängerburg war jedoch bereits 743 Ziel eines Karolinger-Kriegszugs gewesen. Um 900 tauchte die Burg in Zehntverzeichnissen auf. Die bedeutendste Persönlichkeit aus Seeburg war wohl Wichmann, seit 1152 Erzbischof von Magdeburg, der nach dem Kölner Erzbischof als einflussreichster Fürst im Reich angesehen wurde. Damals wurde Seeburg auch baulich deutlich erweitert, Zwingermauern, Flankierungstürme und der erzbischöfliche Palast entstanden. Zudem wurde 1179 ein Kollegialstift gegründet. 1184 wurde die Burg dem Erzstift Magdeburg vermacht, da sich der letzte „Seeburger" für den geistlichen Stand entschieden hatte und die Besitzerfamilie mit seinem Ableben erlosch.

48 Sangerhausen: Pfarrkirche St. Ulrici

Die dreischiffige Pfeilerbasilika St. Ulrici ist das romanische Glanzstück Sangerhausens. Sie trat im Jahr 1100 ins Licht der Geschichte, als Landgraf Ludwig der Springer (siehe Burg Giebichenstein, S. 112) die Kirche einem Kloster schenkte – in der Zeit seiner Gefangenschaft hatte er gelobt, die Kirche zu errichten. Das Kircheninnere gibt sich als schmales, fast schluchtartig wirkendes Mittelschiff. Kenner bemerken die verbogenen Vierungspfeiler im Querschiff als Folge des immensen Baudrucks des eigentlich zu schweren Vierungsturms. Dieser wurde nach dem Stadtbrand des Jahres 1389 aufgesetzt, zeitgleich erhielten das Südquerhaus und die Mittalapsis gotische Fenster.

49a Tilleda: Königspfalz

Die mittelalterliche Königspfalz Tilleda ist die einzige vollständig ausgegrabene Pfalz Deutschlands. Otto II. hatte 972 neben anderen „kaiserlichen Höfen" Tilleda seiner Frau als Witwengut zugesprochen. Hier versöhnten sich zwei Jahrhunderte später die Welfen und die Staufer, hier wurde immer wieder Geschichte geschrieben.

Nachdem in der 1930er Jahren erste umfangreiche archäologische Ausgrabungen durchgeführt und diese in den 1950er Jahren weitergeführt worden waren, konnte um 1980 Resümee gezogen werden, als die Pfalz vollständig ausgegraben war. Heute ist Tilleda ein Freilichtmuseum mit mehreren rekonstruierten Gebäuden, die dem Besucher einen Eindruck von der gewaltigen romanischen Anlage vermitteln.

49b Tilleda: Reichsburg Kyffhausen

Hoch über der Königspfalz Tilleda, auf einem Bergvorsprung, befinden sich die Reste der Reichsburg Kyffhausen, die mit einer Länge von über 600 Metern eine der größten Burganlagen Deutschlands ist. Sie sollte nicht nur Tilleda, sondern auch umfangreiches Reichsgut im südlichen Harzvorland schützen. 1118 wurde sie im Zuge der Auseinandersetzungen sächsischer Fürsten mit dem Kaiser erobert und zerstört. Kurioserweise ist die Nachricht darüber die erste erhaltene schriftliche Nennung der Reichsburg. Sie wurde wiederaufgebaut und war spätestens unter Friedrich I. Barbarossa (1122–1190) wieder voll verteidigungsfähig. Noch heute besitzt die Burg den tiefsten Burgbrunnen der Welt (176 Meter). Heute wird der schon in Thüringen liegende Kyffhäuser aber vor allem mit dem 1896 eingeweihten Kyffhäuserdenkmal für Kaiser Wilhelm in Verbindung gebracht.

50 Allstedt: Burg und Schloss

Die hoch- und spätmittelalterliche Burg Allstedt ist heute ein Barockschloss. Schon im 9. Jahrhundert ist hier eine Burg bezeugt, und unter den Ottonen stieg Allstedt zur wichtigen Pfalz auf. Spätere Herrscherdynastien legten jedoch andere Schwerpunkte. Erst in der Reformationszeit rückte die Burg wieder ins Rampenlicht, als Thomas Münzer (1489–1525) im Schloss 1524 seine berühmte Fürstenpredigt hielt; darin forderte er

unter anderem die Befreiung der leibeigenen Bauern, was die Fürsten, aber auch Martin Luther ablehnten. Ein Jahr später wurde der Bauernaufstand unter Müntzers Führung bei Frankenhausen blutig niedergeschlagen, Müntzer selbst hingerichtet.

Die heutige Schlossanlage stammt aus der Barockzeit, die ältesten Teile der romanischen Kernburg sind im Nordflügel erhalten, wenn auch stark verbaut.

51 Querfurt: Burg ◀

Die Burg Querfurt ist eine mittelalterliche Burg beacht-licher Größe, die im Verteidigungsfall hohe Mannstär-ken erfordert hätte. Allein die Wartburg würde sie-benmal in ihre Grundfläche passen. Dies erklärt auch, weshalb im Jahre 1004 in der Burg Platz für ein Chor-herrenstift war und ab 1162 zusätzlich eine romanische Kirche mitten auf dem Burghof gebaut werden konnte. Heutzutage ist die Burg begehrter Filmdrehort, der mittelalterliche Authentizität ausstrahlt.

52 Memleben: Kloster und Kaiserpfalz

Eine markante Ruine bezeugt bis heute die große Zeit des Benediktinerklosters St. Marien. Es wurde 979 unweit der Pfalz Memleben von Kaiser Otto II. gestiftet und reich ausgestattet, sicherlich auch für die Mission der slawischen Siedlungsgebiete. Von der Monumen-talkirche dieser Zeit stehen noch einige Mauerteile; der ehemalige Grundriss wird durch Pflasterung sichtbar gemacht. Von einer späteren Klosterkirche des 13. Jahr-hunderts existiert noch die spätromanische Krypta.

Blick über die Unstrut zur „Arche Nebra"

53 Eckartsberga: Eckartsburg

Die markante Eckartsburg feierte 1998 ihr tausendjähriges Bestehen. Kernburg und Vorburg lassen längst vergangenes strategisches Denken erkennen, drei Meter dicke Mauern demonstrieren ein hohes Sicherheitsbedürfnis. Die von Markgraf Ekkehard von Meißen errichtete Burg war mit einem beachtlichen Wallgrabensystem umgeben; die Kernburg mutet sogar kastellartig an. Der 22 Meter hohe Bergfried besitzt 2,5 Meter

dicke Mauern. 1815 fiel die Eckartsburg an Preußen. Als ein Turm einzustürzen drohte, wurde dessen Abriss aus „Altertumsgründen" verboten, der preußische König selbst stellte Geld zur Restaurierung zur Verfügung. Es gab dafür wohl auch sentimentale Gründe; 1806 hatten sich nach der verlorenen Schlacht bei Jena und Auerstedt preußische Truppenteile auf die Eckartsburg zurückziehen können.

54a Saaleck: Rudelsburg

Die Ruine der Rudelsburg (1171 urkundlich bezeugt) ragt auf einem felsigen Muschelkalkrücken steil über der Saale auf. Die Höhenburg diente im Hochmittelalter der Sicherung einer Saalebrücke. Das unregelmäßige Viereck der Kernburg ist dem vorhandenen Felsenuntergrund geschuldet, der steinerne pyramidenförmige Turmhelm macht die Burg unverwechselbar. Zur Ruine wurde sie erst im 17. Jahrhundert, als sie unter anderem nach einer Brandstiftung (1641) mehr und mehr zerfiel. Im Zuge der Burgenromantik des 19. Jahrhunderts wurde die Rudelsburg als „schönste aller Saaleburgen" wiederentdeckt. 1848 trafen sich 500 Corps-Studenten und schufen den ältesten Dachverband deutscher Studentenverbindungen, den Kösener Senioren-Convents-Verband (KSCV). Die Rudelsburg wurde in der Folge zumindest wieder teilaufgebaut.

54b Saaleck: Burg Saaleck

Die Ruine Saaleck dürfte mit ihren Türmen und Mauern ins späte 12. Jahrhundert zurückreichen. Die sorgfältige Steinbearbeitung und Ausstattung sind Argumente für diese zeitliche Einordnung. Der Name selbst ist dem Flussverlauf der Saale geschuldet, die hier ein scharfes Eck ausformte. Die Burggründer könnten die Markgrafen von Meißen gewesen sein, um ein Gegengewicht zur benachbarten bischöflichen Rudelsburg zu setzen. Der Schriftsteller Hermann Allmers dichtete im 19. Jahrhundert über das Burgenpaar: „Dort Saaleck, hier die Rudelsburg / und unten tief im Thale / da rauschet zwischen Felsen durch / die alte liebe Saale / und Berge hier und Berge dort / zur Rechten und zur Linken / die Rudelsburg, das ist ein Ort / zum Schwärmen und zum Trinken."

55 Schulpforte: Zisterzienserkloster Sanctae Mariae ad Portam

Das in Schmölln gestiftete Zisterzienserkloster wurde 1137 an die Saale verlegt und mit dem Namen „St. Marien zur Pforte" belegt. Die Mönche schufen schnell eines der reichsten Klöster Ostthüringens, dem allein 27 Ortschaften gehörten. Das Kloster genoss den besonderen Schutz der sächsischen Herzöge und war zeitweise der größte Grundbesitzer im ganzen nördlichen Thüringen. Die kreuzförmige romanische Pfeiler-

basilika baut auf ein vierjochiges Mittelschiff, dem zwei niedrige Seitenschiffe beigestellt sind; sie wird gern als klassisches und ältestes Beispiel einer Zisterzienserkirche im Land genannt. Der Kircheninnenraum war durch einen Lettner im Langhaus in den „Chorus monachorum" und den „Chorus conversorum" getrennt. Ein Kreuzgang in der Länge des romanischen Kirchenschiffs ist ebenfalls noch in romanischer Zeit entstanden.

56a Naumburg: Ägidienkurie

Die Ägidienkurie war ursprünglich Teil der Wohnbauten für Domherren, davon hatte es rund um den Dom nicht wenige gegeben. Die erhalten gebliebenen Wirtschaftsgebäude der Agidienkurie haben romanischen, zum Teil auch spätgotischen Ursprung. Leider hat nur der romanische Kapellenbau den Abriss des Hauptbaus vor gut 100 Jahren überstanden. Im Obergeschoss der Südwand ist noch ein ehemaliges Portal zu erkennen.

56b Naumburg: Dom St. Peter und Paul ▶

Der Naumburger Dom wurde als Kathedrale des Bistums gebaut. Er gilt zu Recht als bedeutendstes Bauwerk der Spätromanik. Der langen Bauphase ist geschuldet, dass der unübertreffliche Westchor mit den weltberühmten Sandsteinstandbildern der Stifter bereits frühgotischen Geist atmet. Die zwölf Figuren bezeugen die im Hochmittelalter übliche Stifterverehrung (diese waren schon rund 200 Jahre zuvor verstorben).

Naumburg: der Dom

57a Zeitz: Schloss Moritzburg

57b Zeitz: Dom St. Peter und Paul ▸

Schloss Moritzburg geht auf eine Königspfalz und einen befestigten Bischofssitz des 968 gegründeten Bistums Zeitz zurück. Das heutige Schloss ist deutlich jüngeren Datums, es entstand nach der Zerstörung des Vorgängerbaus im Dreißigjährigen Krieg im Stil des Barock. Überraschenderweise hatte man nicht einmal zehn Jahre nach dem desaströsen Krieg schon wieder ausreichend Mittel, um die pompöse Residenz zu errichten.

Der Dom St. Peter und Paul wurde in den Jahren 968 bis 1029 als Kathedrale der Zeitzer Bischöfe gebaut. Nach der Verlegung des Bistumssitzes nach Naumburg wurde er schließlich Kollegiat-Stiftskirche. Die heutige dreischiffige Hallenkrypta ist gleichzeitig mit dem Kirchenbau entstanden. Ihre Kapitelle sind zum Teil mit kunstvollen Voluten verziert, zum Teil sind es wohl noch die ottonischen Vorgänger.

58a Freyburg: Stadtkirche St. Marien

Die dreischiffige Stadtkirche St. Marien (um 1225) wird oft als die kleine Schwester des Naumburger Doms bezeichnet. Die beiden Westtürme ähneln auch wirklich sehr den Osttürmen des Naumburger Domes. Gotische Umbauten haben den spätromanischen Kern nicht nachhaltig beseitigt, besonders sehenswert ist das Tympanon über dem Haupteingang. Die Bauverantwortung geht auf Landgraf Ludwig IV. (1200–1227)

und seine später heiliggesprochene Gemahlin Elisabeth (1207–1231) zurück. Die genialen Baumeister sind uns namentlich unbekannt, es sei denn, die Bildnisse am Vierungsturm und der Neuenburger Oberkapelle sind als ihre „Visitenkarten" zu verstehen.

58b Freyburg: Schloss Neuenburg

Die um 1090 von Graf Ludwig dem Springer gegründete Neuenburg, hoch über dem Unstruttal gelegen, war einst die größte und wichtigste Burg der Landgrafen von Thüringen und erscheint in mittelalterliche Urkunden etwa als „castrum nuwenburg". Ringmauern sollten die weniger geschützten Bergflanken sichern; dabei wurde die Burgfläche erheblich vergrößert und mit Wall und Graben geschützt.

59a Goseck: Schloss ▶

Schloss Goseck ist aus einer mittelalterlichen Burganlage hervorgegangen. Die Burg wurde bereits vor 900 erwähnt, nach ihrer Niederlegung 1041 erfolgte hier die Gründung eines Benediktinerklosters. Nach dessen Säkularisierung erfolgte bis etwa 1637 der Umbau zum Schloss. 1997 kam das Schloss zur Stiftung Dome und Schlösser in Sachsen-Anhalt und ist heute Sitz des Europäischen Musik- und Kulturzentrums Schloss Goseck.

Merseburg: Dom und Neumarktkirche (rechts oben)

60a Merseburg: Dom St. Johannes und St. Laurentius

60b Merseburg: Neumarktkirche St. Thomas

Der Dom St. Johannes und St. Laurentius (1015–1021) geht auf ein Gelübde Ottos des Großen in der Schlacht gegen die Ungarn auf dem Lechfeld zurück (siehe S. 14). Im Falle des Sieges wollte Otto in Merseburg ein Bistum errichten und die Königspfalz zur Laurentiuskirche ausbauen; er hat sein Versprechen eingelöst.

Die Merseburger Neumarktkirche St. Thomas Cantuariensis wurde 1188 in einer Urkunde des Kaisers Friedrich Barbarossa erstmals erwähnt. Die romanische Kreuzbasilika weist am spätromanischen Hauptportal eine Knotensäule auf, ein einzigartiges Stilmittel im mitteldeutschen Raum.

61a Halle: Burg Giebichenstein

Burg Giebichenstein überragt dominant die Saale; sie ist wohl unter Heinrich I. entstanden und war Teil der östlichen Verteidigungslinie des Reichs. Otto I. hat hier Urkunden ausgestellt („civitas, que Givicansten nuncupatur") und die Burg 961 (Ersterwähnung) dem Magdeburger Moritzkloster übereignet. Der Burgfelsen trug einen Torturm, eine Ringmauer und einen Südturm, ein massiver romanischer Torturm schützte die Ostseite.

Landesweit wird die Burg Giebichenstein mit Ludwig dem Springer (1042–1123) verbunden, der hier wegen einer Mordanklage inhaftiert war, der Sage nach aber durch einen kühnen Sprung in die Saale entkommen konnte. Diese Tat hätte dem Grafen schließlich den Beinamen der Springer eingebracht. Tatsächlich könnte sich der Beiname vom lateinischen Namen Salicus ableiten und folglich Ludwig den Salier gemeint haben.

Halle: der Dom

61b Halle: Dom ◀

Der Dom zu Halle markiert den Übergang von der Romanik zur Gotik: Er wurde 1271 als Dominikaner-Klosterkirche begonnen, aber erst um 1330 vollendet. St. Paul zum Heiligen Kreuz entstand nach den strengen Klosterregeln als schlichte, dreischiffige Hallenkirche ohne Turm und Querhaus. Das änderte sich erst wenige Jahre vor der Reformation, als Erzbischof Albrecht die Kirche neugestalten ließ.

61c Halle: Dorfkirche Böllberg

Die Dorfkirche St. Nikolaus in Böllberg ist heute die älteste Kirche von Halle. Der turmlose Sandsteinbau wurde Ende des 12. Jahrhunderts von niederländischen Kolonisten errichtet. Eine Wetterfahne auf dem Kirchendach enthält die Jahreszahl 1184. Der romanische kelchförmige Taufstein ist das historische Schmuckstück der Saalkirche. Der halbrunden Apsis im Osten ist heute die breite Autostraße sehr nahe gerückt.

62 Landsberg: Doppelkapelle St. Crucis

Die Doppelkapelle St. Crucis in Landsberg dominiert als kompakter Bau das kleine Porphyrplateau. Sie ist der letzte Zeuge einer ehemals beutenden Burganlage der Landsberger Markgrafen aus der zweiten Hälfte des 12. Jahrhunderts. Insbesondere die Bauornamentik besticht durch ihre hohe Qualität. Das weithin sichtbare Walmdach ist allerdings eine Hinzufügung von 1662.

63 Petersberg: Augustinerstiftskirche ▶

Die Augustinerstiftskirche St. Petrus ist nicht zu übersehen. Seit dem 12. Jahrhundert dominiert sie den 250 Meter hohen Petersberg, der inmitten einer weiten Ebene früh die Aufmerksamkeit von Militärstrategen auf sich ziehen musste. Die beengte Form des Bergplateaus hat der dreischiffigen kreuzförmigen Basilika einen außergewöhnlichen Grundriss beschert: Das Langhaus ist nur wenig länger als der Querturm.

64 Bernburg: Eulenspiegelturm

Der romanische Bergfried des Schlosses Bernburg war Teil der großen Burganlage aus dem 12. Jahrhundert. Der wegen seines damaligen roten Ziegel-Kegeldachs Roter Turm genannte Bau war die zentrale Bastion der Ostverteidigung. Da er als Handlungsort des mittel-niederdeutschen Volksbuches von Till Eulenspiegel gilt, trägt er auch den Namen Eulenspiegelturm. Der wohl bekannteste Schelm und Narr Deutschlands soll hier zwischen 1300 bis 1350 gelebt und um 1325 als Turmbläser Wohnung in luftiger Höhe bezogen haben. Erstmals wird 961 eine „Brandanburg" erwähnt, der Vorgängerbau war sächsische Rund- und Fliehburg mit Wall und Graben angelegt. Diese frühmittelalterliche Burganlage konnte inzwischen auch archäologisch ein-deutig nachgewiesen werden.

64b Bernburg-Waldau: Dorfkirche St. Stephani

Die Dorfkirche St. Stephani in Bernburger Ortsteil Waldau befindet sich in einem Ortsbereich, der das vermutlich am längsten besiedelten Areal der heutigen Stadt darstellt. In der Chronik von Moissac ist bereits für das Jahr 806 von einer Heerschau der Karolinger in „Waladala" die Rede. Der flachgedeckte Feldsteinbau der Dorfkirche stammt aus dem 12. Jahrhundert. Ihre halbrunde Apsis, der quadratische Chor und die früh-romanischen Schaftkreuz-Ritzzeichnungen haben einen unübertrefflichen Charme, der durch frühromanische Grabplatten noch weiter unterstrichen wird. Inzwischen wurde die Kirche von nachträglichen Um- und Anbauten befreit, so dass sie wieder in ihrer ursprünglichen schlichten romanischen Form zu bewundern ist.

65 Nienburg: Klosterkirche St. Marien und St. Cyprian

Das ursprünglich in Thankmarsfelde gestifte Benediktinerkloster kam 975 nach Nienburg („Neue Burg"), wohl deshalb, weil von hier aus die Slawenmission besser zu organisieren war. Eine erste, 1004 geweihte Klosterkirche wurde 1042 bei einem Brand zerstört. Die heutige Kirche geht auf den 1060 vollendeten Nachfolgebau zurück. Nach einem weiteren Brand im Jahr 1242 wurde sie gotisch überformt. Das Kloster Nienburg war reich begütert und gehörte schnell zu den wohlhabendsten der ganzen Region. Umfangreiche Besitzungen erhielt es von Otto III. und Heinrich II. Im Zuge der Reformation wurde das Kloster 1560 säkularisiert. Heute wird die gut erhaltene tausendjährige Klosterkirche St. Marien und St. Cyprian ökumenisch genutzt.

66 Hecklingen: Klosterkirche St. Georg und St. Pankratius

Die Ursprünge des Benediktinerinnenklosters Hecklingen liegen wohl in einem um 1070 von den Grafen von Plötzkau gegründeten Kanonikerstift. Um 1130 erfolgte die Umwandlung in ein Nonnenkloster, an dessen Spitze eine Schwester der Grafen gelangte. Die Klosterkirche wurde ab ca. 1150 errichtet. Die dreischiffige Basilika besticht durch einen einheitlich-harmonischen Baukörper, folgt lehrbuchhaft dem rheinischen Stützenwechsel und enthält qualitätvolle romanische Stuckplastik. Insgesamt 14 rund 1,15 Meter hohe Engelsfiguren aus dem frühen 13. Jahrhundert verkünden im Inneren zum Teil mit Schriftbändern ihre Botschaften. Zudem symbolisieren fünf Stifterköpfe die Gründungspersönlichkeiten. Die Einführung der Reformation beendete das Klosterleben, St. Georg und St. Pankratius wurde evangelische Pfarrkirche.

Ortsverzeichnis

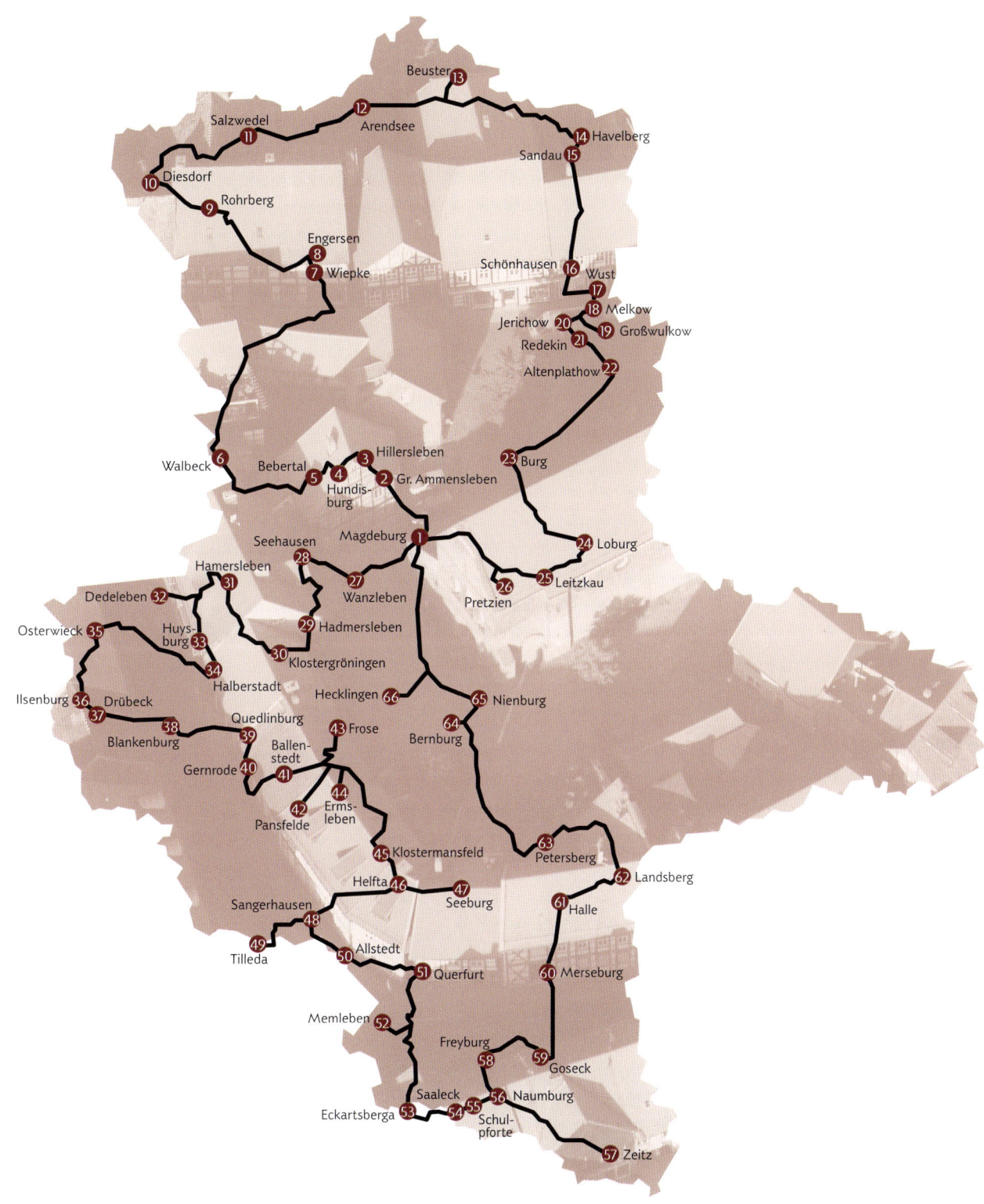

Beuster 13
Salzwedel 11
Arendsee 12
Havelberg 14
Sandau 15
Diesdorf 10
Rohrberg 9
Engersen 8
Wiepke 7
Schönhausen 16 Wust
17
Melkow 18
Jerichow 20 19 Großwulkow
Redekin 21
Altenplathow 22
Walbeck 6 Hillersleben 3
Bebertal 5 4 23 Burg
Hundisburg 2 Gr. Ammensleben
Seehausen 28 Magdeburg 1
Hamersleben 27 24 Loburg
Dedeleben 32 31 Wanzleben 26 25 Leitzkau
Osterwieck 35 Pretzien
Huysburg 33 29 Hadmersleben
30 Klostergröningen
34 Halberstadt
Ilsenburg 36 Hecklingen 66 65 Nienburg
Drübeck 37
Quedlinburg 64 Bernburg
Blankenburg 38 43 Frose
39 Ballenstedt
Gernrode 40 41
42 44 Ermsleben
Pansfelde 45 Klostermansfeld 63 Petersberg
Helfta 46 47 62 Landsberg
Sangerhausen 48 Seeburg 61 Halle
49 Allstedt
Tilleda 50 60 Merseburg
51 Querfurt
Memleben 52 Freyburg 59
58 Goseck
Saaleck 56 Naumburg
Eckartsberga 53 54 55
Schulpforte 57 Zeitz

Umschlagfotos: o. Reihe v. l.: Kloster Hillersleben, Rudelsburg, Dorfkirche Redekin; m. Reihe v. l.: Naumburger Dom, Stiftskirche Quedlinburg, Burg Falkenstein; u. Reihe v. l.: Stiftskirche Petersberg, Stiftskirche Gernrode, Schloss Seeburg

2015
© mdv Mitteldeutscher Verlag GmbH, Halle (Saale)
www.mitteldeutscherverlag.de

Gesamtherstellung: Mitteldeutscher Verlag, Halle (Saale)

ISBN 978-3-95462-449-2

Printed in the EU